MONTH

Sunday	Monday	Tuesday	Wednesday	Thursday	Friday	Saturday

MORNING CHECK IN

I WOKE UP FEELING

| Horrible | Not Good | Okay | Good | Awesome |

What am I grateful for?

What limits will I push today?

How will I honor myself today?

EVENING CHECK IN
I ENDED THE DAY FEELING

What did I learn today?

What am I grateful for?

MORNING CHECK IN

I WOKE UP FEELING

HORRIBLE · NOT GOOD · OKAY · GOOD · AWESOME

What am I grateful for?

\
\
\
\

What limits will I push today?

\
\
\
\

How will I honor myself today?

\
\
\
\

EVENING CHECK IN
I ENDED THE DAY FEELING

What did I learn today?

What am I grateful for?

MORNING CHECK IN

I WOKE UP FEELING

(HORRIBLE) (NOT GOOD) (OKAY) (GOOD) (AWESOME)

What am I grateful for?
_____
_____
_____
_____

What limits will I push today?
_____
_____
_____
_____

How will I honor myself today?
_____
_____
_____
_____

EVENING CHECK IN
I ENDED THE DAY FEELING

What did I learn today?

What am I grateful for?

MORNING CHECK IN

I WOKE UP FEELING

What am I grateful for?

What limits will I push today?

How will I honor myself today?

EVENING CHECK IN
I ENDED THE DAY FEELING

| Horrible | Not Good | Okay | Good | Awesome |

What did I learn today?

What am I grateful for?

MORNING CHECK IN

I WOKE UP FEELING

What am I grateful for?

What limits will I push today?

How will I honor myself today?

EVENING CHECK IN
I ENDED THE DAY FEELING

What did I learn today?

What am I grateful for?

MORNING CHECK IN

I WOKE UP FEELING

What am I grateful for?

What limits will I push today?

How will I honor myself today?

EVENING CHECK IN
I ENDED THE DAY FEELING

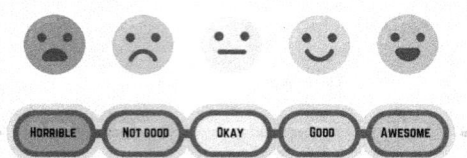

What did I learn today?

What am I grateful for?

MORNING CHECK IN

I WOKE UP FEELING

What am I grateful for?

What limits will I push today?

How will I honor myself today?

EVENING CHECK IN
I ENDED THE DAY FEELING

What did I learn today?

_____
_____
_____
_____
_____
_____
_____

What am I grateful for?

_____
_____
_____

MORNING CHECK IN

I WOKE UP FEELING

HORRIBLE · NOT GOOD · OKAY · GOOD · AWESOME

What am I grateful for?

_____
_____
_____
_____

What limits will I push today?

_____
_____
_____
_____

How will I honor myself today?

_____
_____
_____
_____

EVENING CHECK IN

I ENDED THE DAY FEELING

What did I learn today?

What am I grateful for?

MORNING CHECK IN

I WOKE UP FEELING

| Horrible | Not Good | Okay | Good | Awesome |

What am I grateful for?

_____
_____
_____
_____

What limits will I push today?

_____
_____
_____
_____

How will I honor myself today?

_____
_____
_____
_____

EVENING CHECK IN
I ENDED THE DAY FEELING

What did I learn today?

_____
_____
_____
_____
_____
_____
_____

What am I grateful for?

_____
_____
_____
_____

MORNING CHECK IN

I WOKE UP FEELING

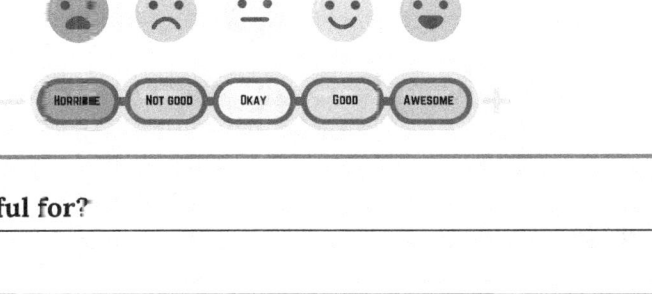

What am I grateful for?

What limits will I push today?

How will I honor myself today?

EVENING CHECK IN
I ENDED THE DAY FEELING

What did I learn today?

_____
_____
_____
_____
_____
_____
_____
_____
_____

What am I grateful for?

_____
_____
_____

MORNING CHECK IN

I WOKE UP FEELING

What am I grateful for?

What limits will I push today?

How will I honor myself today?

EVENING CHECK IN
I ENDED THE DAY FEELING

What did I learn today?

What am I grateful for?

MORNING CHECK IN

I WOKE UP FEELING

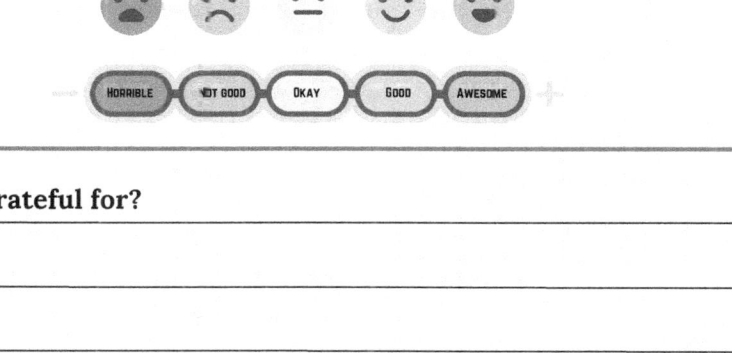

What am I grateful for?

What limits will I push today?

How will I honor myself today?

EVENING CHECK IN

I ENDED THE DAY FEELING

What did I learn today?

What am I grateful for?

MORNING CHECK IN

I WOKE UP FEELING

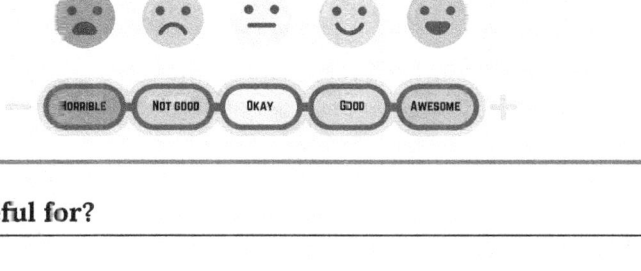

What am I grateful for?

What limits will I push today?

How will I honor myself today?

EVENING CHECK IN
I ENDED THE DAY FEELING

What did I learn today?

What am I grateful for?

MORNING CHECK IN

I WOKE UP FEELING

What am I grateful for?

What limits will I push today?

How will I honor myself today?

EVENING CHECK IN
I ENDED THE DAY FEELING

What did I learn today?

What am I grateful for?

MORNING CHECK IN

I WOKE UP FEELING

| HORRIBLE | NOT GOOD | OKAY | GOOD | AWESOME |

What am I grateful for?

What limits will I push today?

How will I honor myself today?

EVENING CHECK IN
I ENDED THE DAY FEELING

What did I learn today?

What am I grateful for?

MORNING CHECK IN

I WOKE UP FEELING

HORRIBLE — NOT GOOD — OKAY — GOOD — AWESOME

What am I grateful for?

_____
_____
_____
_____

What limits will I push today?

_____
_____
_____
_____

How will I honor myself today?

_____
_____
_____
_____

EVENING CHECK IN
I ENDED THE DAY FEELING

What did I learn today?

What am I grateful for?

MORNING CHECK IN
I WOKE UP FEELING

HORRIBLE | NOT GOOD | OKAY | GOOD | AWESOME

What am I grateful for?

What limits will I push today?

How will I honor myself today?

EVENING CHECK IN

I ENDED THE DAY FEELING

What did I learn today?

What am I grateful for?

MORNING CHECK IN

I WOKE UP FEELING

What am I grateful for?

_____
_____
_____
_____

What limits will I push today?

_____
_____
_____
_____

How will I honor myself today?

_____
_____
_____
_____

EVENING CHECK IN
I ENDED THE DAY FEELING

What did I learn today?

What am I grateful for?

MORNING CHECK IN

I WOKE UP FEELING

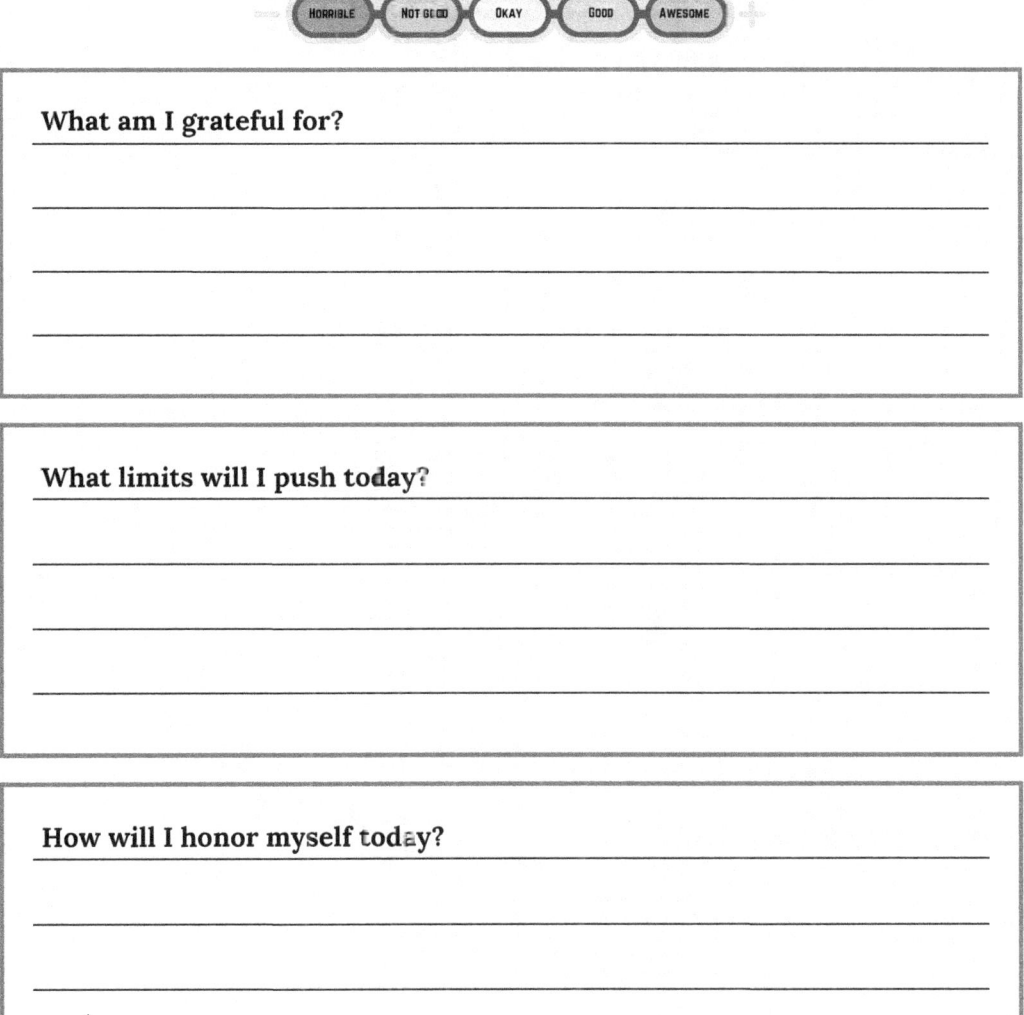

| Horrible | Not Good | Okay | Good | Awesome |

What am I grateful for?

What limits will I push today?

How will I honor myself today?

EVENING CHECK IN
I ENDED THE DAY FEELING

What did I learn today?

What am I grateful for?

MORNING CHECK IN

I WOKE UP FEELING

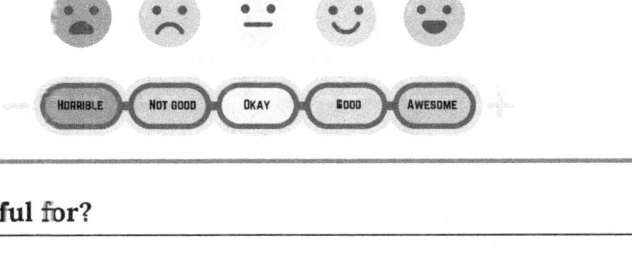

What am I grateful for?

What limits will I push today?

How will I honor myself today?

EVENING CHECK IN
I ENDED THE DAY FEELING

What did I learn today?

What am I grateful for?

MORNING CHECK IN

I WOKE UP FEELING

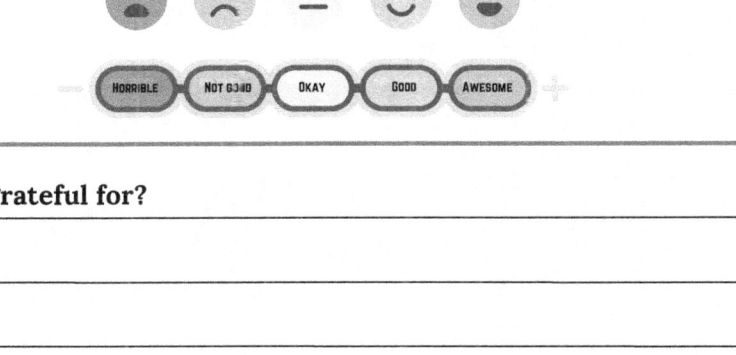

What am I grateful for?

What limits will I push today?

How will I honor myself today?

EVENING CHECK IN
I ENDED THE DAY FEELING

What did I learn today?

What am I grateful for?

MORNING CHECK IN

I WOKE UP FEELING

What am I grateful for?

What limits will I push today?

How will I honor myself today?

EVENING CHECK IN
I ENDED THE DAY FEELING

What did I learn today?

What am I grateful for?

MORNING CHECK IN

I WOKE UP FEELING

What am I grateful for?

What limits will I push today?

How will I honor myself today?

EVENING CHECK IN
I ENDED THE DAY FEELING

What did I learn today?

What am I grateful for?

MORNING CHECK IN

I WOKE UP FEELING

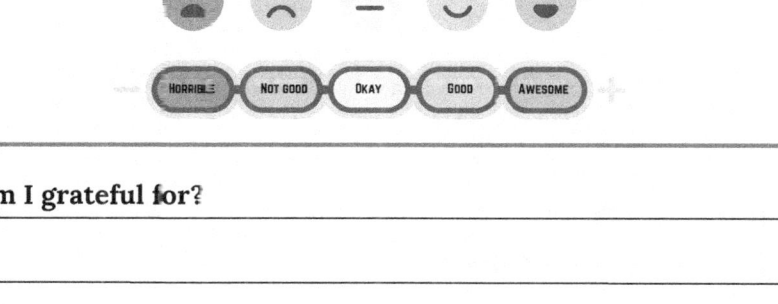

What am I grateful for?

What limits will I push today?

How will I honor myself today?

EVENING CHECK IN
I ENDED THE DAY FEELING

What did I learn today?

What am I grateful for?

MORNING CHECK IN

I WOKE UP FEELING

HORRIBLE · NOT GOOD · OKAY · GOOD · AWESOME

What am I grateful for?

What limits will I push today?

How will I honor myself today?

EVENING CHECK IN
I ENDED THE DAY FEELING

What did I learn today?

What am I grateful for?

MORNING CHECK IN

I WOKE UP FEELING

What am I grateful for?

What limits will I push today?

How will I honor myself today?

EVENING CHECK IN
I ENDED THE DAY FEELING

What did I learn today?

What am I grateful for?

MORNING CHECK IN

I WOKE UP FEELING

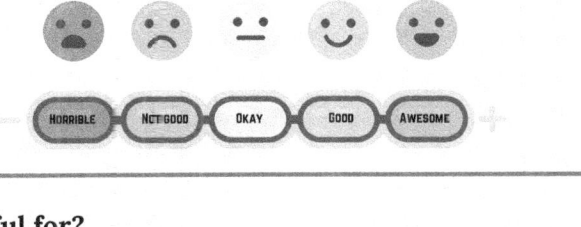

What am I grateful for?

What limits will I push today?

How will I honor myself today?

EVENING CHECK IN
I ENDED THE DAY FEELING

What did I learn today?

What am I grateful for?

MORNING CHECK IN

I WOKE UP FEELING

What am I grateful for?

_____
_____
_____
_____

What limits will I push today?

_____
_____
_____
_____

How will I honor myself today?

_____
_____
_____
_____

EVENING CHECK IN
I ENDED THE DAY FEELING

What did I learn today?

What am I grateful for?

MORNING CHECK IN

I WOKE UP FEELING

What am I grateful for?

What limits will I push today?

How will I honor myself today?

EVENING CHECK IN
I ENDED THE DAY FEELING

What did I learn today?

What am I grateful for?

MORNING CHECK IN

I WOKE UP FEELING

HORRIBLE — NOT GOOD — OKAY — GOOD — AWESOME

What am I grateful for?

_____
_____
_____
_____

What limits will I push today?

_____
_____
_____
_____

How will I honor myself today?

_____
_____
_____
_____

EVENING CHECK IN
I ENDED THE DAY FEELING

What did I learn today?

What am I grateful for?

MORNING CHECK IN

I WOKE UP FEELING

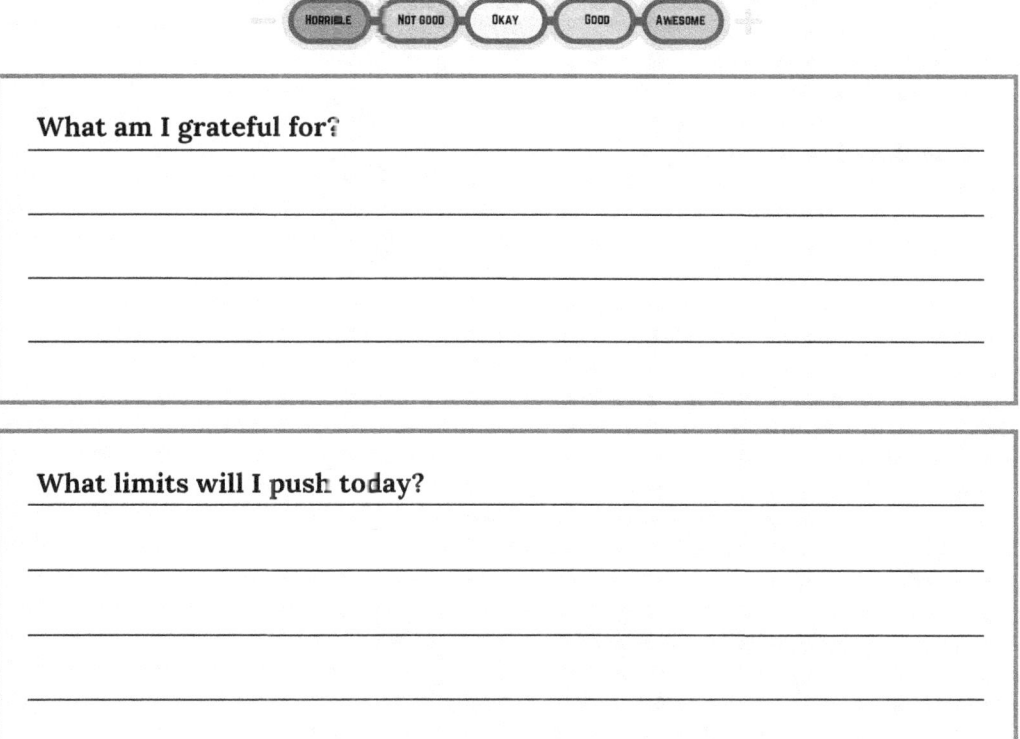

HORRIBLE — NOT GOOD — OKAY — GOOD — AWESOME

What am I grateful for?

_____
_____
_____
_____

What limits will I push today?

_____
_____
_____
_____

How will I honor myself today?

_____
_____
_____
_____

EVENING CHECK IN
I ENDED THE DAY FEELING

What did I learn today?

What am I grateful for?

MONTH

Sunday	Monday	Tuesday	Wednesday	Thursday	Friday	Saturday

MORNING CHECK IN

I WOKE UP FEELING

What am I grateful for?

What limits will I push today?

How will I honor myself today?

EVENING CHECK IN
I ENDED THE DAY FEELING

What did I learn today?

What am I grateful for?

MORNING CHECK IN

I WOKE UP FEELING

What am I grateful for?

What limits will I push today?

How will I honor myself today?

EVENING CHECK IN
I ENDED THE DAY FEELING

What did I learn today?

What am I grateful for?

MORNING CHECK IN
I WOKE UP FEELING

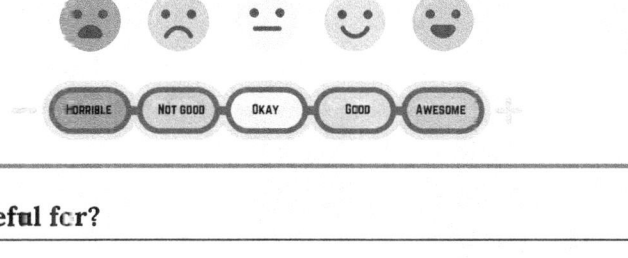

What am I grateful for?
_____
_____
_____
_____

What limits will I push today?
_____
_____
_____
_____

How will I honor myself today?
_____
_____
_____
_____

EVENING CHECK IN
I ENDED THE DAY FEELING

What did I learn today?

What am I grateful for?

MORNING CHECK IN

I WOKE UP FEELING

What am I grateful for?

What limits will I push today?

How will I honor myself today?

EVENING CHECK IN
I ENDED THE DAY FEELING

What did I learn today?

What am I grateful for?

MORNING CHECK IN

I WOKE UP FEELING

| Horrible | Not good | Okay | Good | Awesome |

What am I grateful for?

___

What limits will I push today?

___

How will I honor myself today?

___

EVENING CHECK IN
I ENDED THE DAY FEELING

What did I learn today?

What am I grateful for?

MORNING CHECK IN

I WOKE UP FEELING

What am I grateful for?

What limits will I push today?

How will I honor myself today?

EVENING CHECK IN
I ENDED THE DAY FEELING

What did I learn today?

What am I grateful for?

MORNING CHECK IN

I WOKE UP FEELING

| Horrible | Not Good | Okay | Good | Awesome |

What am I grateful for?
_____
_____
_____
_____

What limits will I push today?
_____
_____
_____
_____

How will I honor myself today?
_____
_____
_____
_____

EVENING CHECK IN
I ENDED THE DAY FEELING

What did I learn today?

What am I grateful for?

MORNING CHECK IN

I WOKE UP FEELING

HORRIBLE | NOT GOOD | OKAY | GOOD | AWESOME

What am I grateful for?

What limits will I push today?

How will I honor myself today?

EVENING CHECK IN
I ENDED THE DAY FEELING

What did I learn today?

What am I grateful for?

MORNING CHECK IN

I WOKE UP FEELING

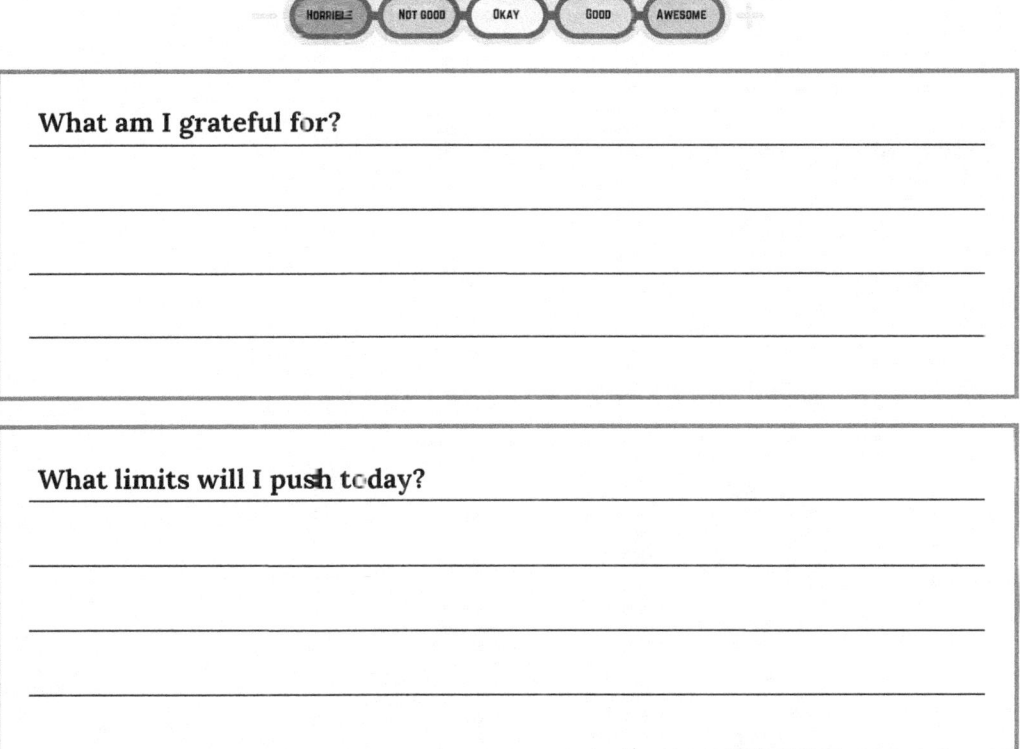

| HORRIBLE | NOT GOOD | OKAY | GOOD | AWESOME |

What am I grateful for?
_____
_____
_____
_____

What limits will I push today?
_____
_____
_____
_____

How will I honor myself today?
_____
_____
_____
_____

EVENING CHECK IN
I ENDED THE DAY FEELING

What did I learn today?

What am I grateful for?

MORNING CHECK IN

I WOKE UP FEELING

What am I grateful for?

What limits will I push today?

How will I honor myself today?

EVENING CHECK IN
I ENDED THE DAY FEELING

HORRIBLE — NOT GOOD — OKAY — GOOD — AWESOME

What did I learn today?

What am I grateful for?

MORNING CHECK IN

I WOKE UP FEELING

What am I grateful for?

___

What limits will I push today?

___

How will I honor myself today?

___

EVENING CHECK IN
I ENDED THE DAY FEELING

What did I learn today?

What am I grateful for?

MORNING CHECK IN

I WOKE UP FEELING

HORRIBLE NOT GOOD OKAY GOOD AWESOME

What am I grateful for?

What limits will I push today?

How will I honor myself today?

EVENING CHECK IN
I ENDED THE DAY FEELING

What did I learn today?

What am I grateful for?

MORNING CHECK IN

I WOKE UP FEELING

What am I grateful for?

What limits will I push today?

How will I honor myself today?

EVENING CHECK IN
I ENDED THE DAY FEELING

What did I learn today?

What am I grateful for?

MORNING CHECK IN

I WOKE UP FEELING

What am I grateful for?

What limits will I push today?

How will I honor myself today?

EVENING CHECK IN
I ENDED THE DAY FEELING

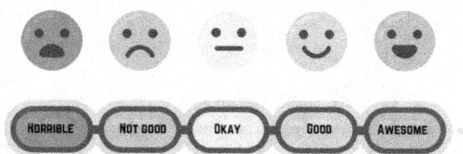

What did I learn today?

What am I grateful for?

MORNING CHECK IN

I WOKE UP FEELING

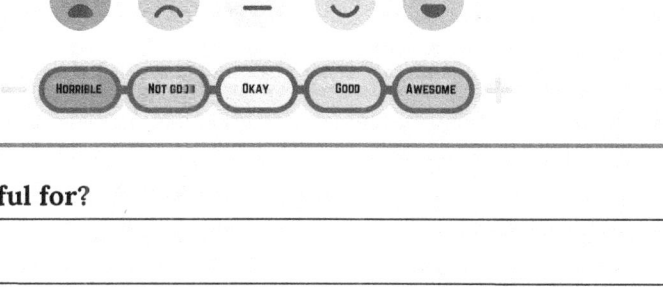

HORRIBLE | NOT GOOD | OKAY | GOOD | AWESOME

What am I grateful for?

_____
_____
_____
_____

What limits will I push today?

_____
_____
_____
_____

How will I honor myself today?

_____
_____
_____
_____

EVENING CHECK IN

I ENDED THE DAY FEELING

What did I learn today?

What am I grateful for?

MORNING CHECK IN

I WOKE UP FEELING

| HORRIBLE | NOT GOOD | OKAY | GOOD | AWESOME |

What am I grateful for?
_____
_____
_____
_____

What limits will I push today?
_____
_____
_____
_____

How will I honor myself today?
_____
_____
_____
_____

EVENTING CHECK IN
I ENDED THE DAY FEELING

What did I learn today?

What am I grateful for?

MORNING CHECK IN

I WOKE UP FEELING

What am I grateful for?

_____
_____
_____
_____

What limits will I push today?

_____
_____
_____
_____

How will I honor myself today?

_____
_____
_____
_____

EVENING CHECK IN
I ENDED THE DAY FEELING

What did I learn today?

What am I grateful for?

MORNING CHECK IN

I WOKE UP FEELING

What am I grateful for?

What limits will I push today?

How will I honor myself today?

EVENING CHECK IN
I ENDED THE DAY FEELING

What did I learn today?

What am I grateful for?

MORNING CHECK IN

I WOKE UP FEELING

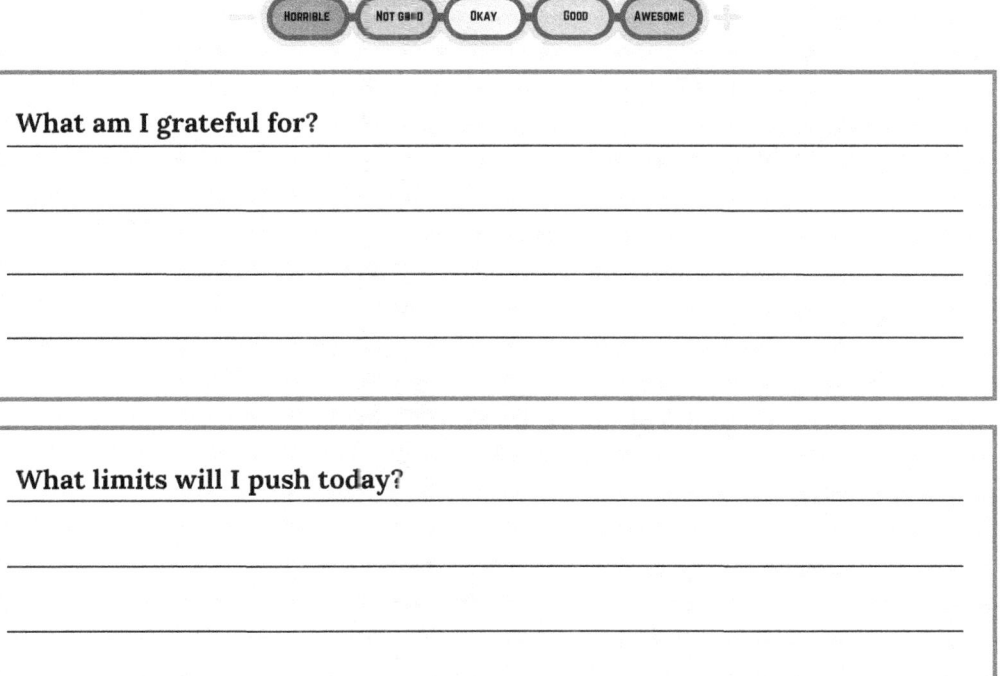

HORRIBLE NOT GOOD OKAY GOOD AWESOME

What am I grateful for?
_____
_____
_____
_____

What limits will I push today?
_____
_____
_____
_____

How will I honor myself today?
_____
_____
_____
_____

EVENING CHECK IN
I ENDED THE DAY FEELING

What did I learn today?

What am I grateful for?

MORNING CHECK IN

I WOKE UP FEELING

| HORRIBLE | NOT GOOD | OKAY | GOOD | AWESOME |

What am I grateful for?

What limits will I push today?

How will I honor myself today?

EVENING CHECK IN
I ENDED THE DAY FEELING

What did I learn today?

What am I grateful for?

MORNING CHECK IN

I WOKE UP FEELING

HORRIBLE · NOT GOOD · OKAY · GOOD · AWESOME

What am I grateful for?
_____
_____
_____
_____

What limits will I push today?
_____
_____
_____
_____

How will I honor myself today?
_____
_____
_____
_____

EVENING CHECK IN
I ENDED THE DAY FEELING

What did I learn today?

What am I grateful for?

MORNING CHECK IN

I WOKE UP FEELING

What am I grateful for?

What limits will I push today?

How will I honor myself today?

EVENING CHECK IN
I ENDED THE DAY FEELING

What did I learn today?

_____
_____
_____
_____
_____
_____
_____
_____

What am I grateful for?

_____
_____
_____
_____

MORNING CHECK IN

I WOKE UP FEELING

Terrible · Not Good · Okay · Good · Awesome

What am I grateful for?

What limits will I push today?

How will I honor myself today?

EVENING CHECK IN
I ENDED THE DAY FEELING

What did I learn today?

What am I grateful for?

MORNING CHECK IN

I WOKE UP FEELING

What am I grateful for?

What limits will I push today?

How will I honor myself today?

EVENING CHECK IN
I ENDED THE DAY FEELING

What did I learn today?

What am I grateful for?

MORNING CHECK IN

I WOKE UP FEELING

What am I grateful for?

What limits will I push today?

How will I honor myself today?

EVENING CHECK IN
I ENDED THE DAY FEELING

What did I learn today?

What am I grateful for?

MORNING CHECK IN

I WOKE UP FEELING

What am I grateful for?

What limits will I push today?

How will I honor myself today?

EVENING CHECK IN

I ENDED THE DAY FEELING

HORRIBLE · NOT GOOD · OKAY · GOOD · AWESOME

What did I learn today?

What am I grateful for?

MORNING CHECK IN

I WOKE UP FEELING

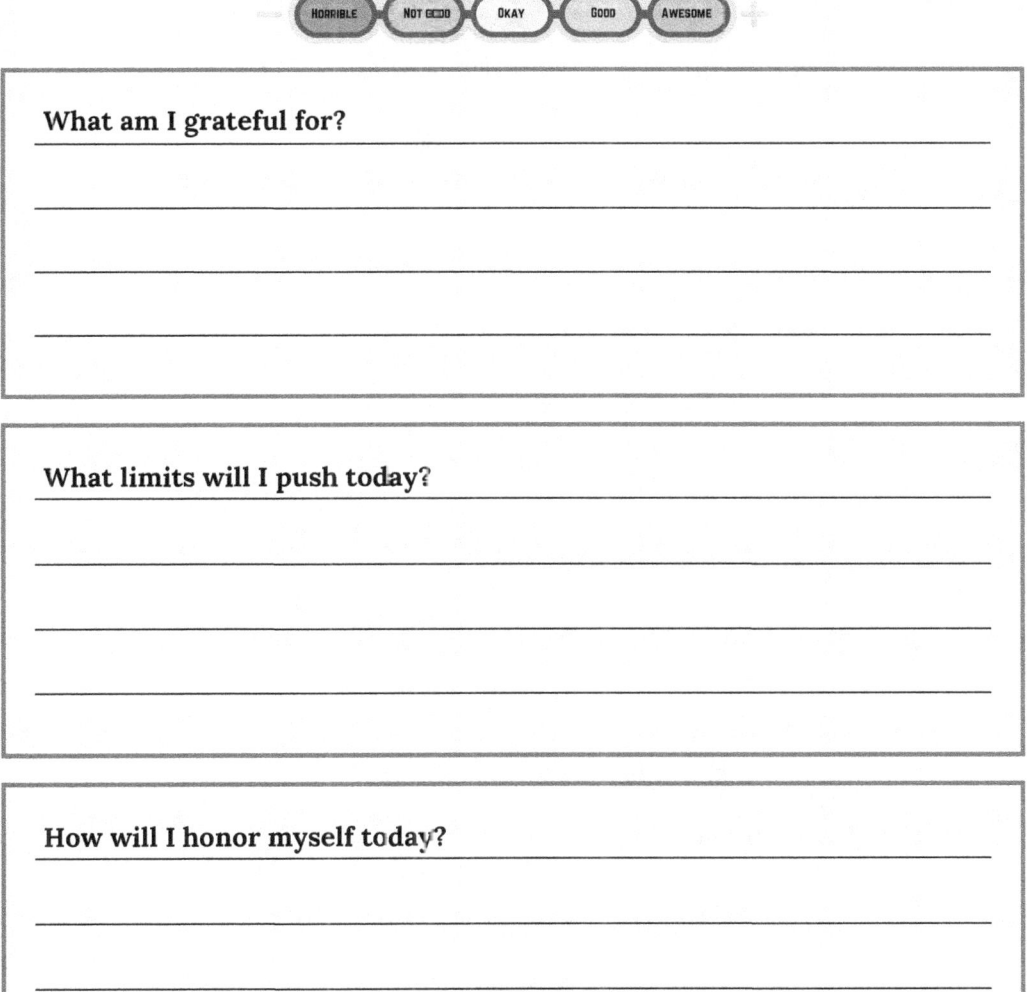

HORRIBLE · NOT GOOD · OKAY · GOOD · AWESOME

What am I grateful for?

What limits will I push today?

How will I honor myself today?

EVENING CHECK IN
I ENDED THE DAY FEELING

What did I learn today?

What am I grateful for?

MORNING CHECK IN

I WOKE UP FEELING

What am I grateful for?

_____
_____
_____
_____

What limits will I push today?

_____
_____
_____
_____

How will I honor myself today?

_____
_____
_____
_____

EVENING CHECK IN

I ENDED THE DAY FEELING

What did I learn today?

What am I grateful for?

MORNING CHECK IN

I WOKE UP FEELING

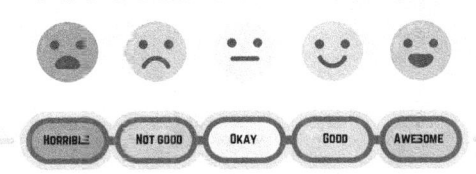

What am I grateful for?

_____
_____
_____
_____

What limits will I push today?

_____
_____
_____
_____

How will I honor myself today?

_____
_____
_____
_____

EVENING CHECK IN

I ENDED THE DAY FEELING

What did I learn today?

What am I grateful for?

MORNING CHECK IN

I WOKE UP FEELING

What am I grateful for?

What limits will I push today?

How will I honor myself today?

EVENING CHECK IN
I ENDED THE DAY FEELING

What did I learn today?

What am I grateful for?

MORNING CHECK IN

I WOKE UP FEELING

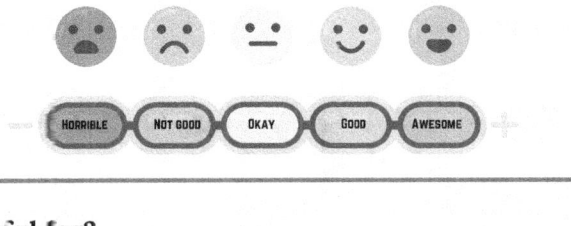

HORRIBLE — NOT GOOD — OKAY — GOOD — AWESOME

What am I grateful for?
_____
_____
_____
_____

What limits will I push today?
_____
_____
_____
_____

How will I honor myself today?
_____
_____
_____
_____

EVENING CHECK IN
I ENDED THE DAY FEELING

What did I learn today?

What am I grateful for?

MONTH

Sunday	Monday	Tuesday	Wednesday	Thursday	Friday	Saturday

MORNING CHECK IN

I WOKE UP FEELING

HORRIBLE — NOT GOOD — OKAY — GOOD — AWESOME

What am I grateful for?

_____
_____
_____
_____

What limits will I push today?

_____
_____
_____
_____

How will I honor myself today?

_____
_____
_____
_____

EVENING CHECK IN
I ENDED THE DAY FEELING

What did I learn today?

What am I grateful for?

MORNING CHECK IN

I WOKE UP FEELING

What am I grateful for?

What limits will I push today?

How will I honor myself today?

EVENING CHECK IN
I ENDED THE DAY FEELING

What did I learn today?

What am I grateful for?

MORNING CHECK IN

I WOKE UP FEELING

What am I grateful for?

_____
_____
_____
_____

What limits will I push today?

_____
_____
_____
_____

How will I honor myself today?

_____
_____
_____
_____

EVENING CHECK IN

I ENDED THE DAY FEELING

What did I learn today?

What am I grateful for?

MORNING CHECK IN

I WOKE UP FEELING

What am I grateful for?

What limits will I push today?

How will I honor myself today?

EVENING CHECK IN
I ENDED THE DAY FEELING

What did I learn today?

What am I grateful for?

MORNING CHECK IN

I WOKE UP FEELING

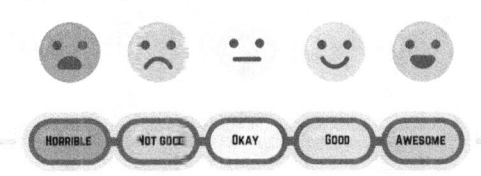

What am I grateful for?

What limits will I push today?

How will I honor myself today?

EVENTING CHECK IN
I ENDED THE DAY FEELING

What did I learn today?

What am I grateful for?

MORNING CHECK IN

I WOKE UP FEELING

What am I grateful for?

What limits will I push today?

How will I honor myself today?

EVENING CHECK IN

I ENDED THE DAY FEELING

What did I learn today?

What am I grateful for?

MORNING CHECK IN

I WOKE UP FEELING

What am I grateful for?

_____
_____
_____
_____

What limits will I push today?

_____
_____
_____
_____

How will I honor myself today?

_____
_____
_____
_____

EVENING CHECK IN
I ENDED THE DAY FEELING

What did I learn today?

What am I grateful for?

MORNING CHECK IN

I WOKE UP FEELING

| HORRIBLE | NOT GOOD | OKAY | GOOD | AWESOME |

What am I grateful for?

___

What limits will I push today?

___

How will I honor myself today?

___

EVENING CHECK IN
I ENDED THE DAY FEELING

What did I learn today?

What am I grateful for?

MORNING CHECK IN

I WOKE UP FEELING

What am I grateful for?

What limits will I push today?

How will I honor myself today?

EVENING CHECK IN

I ENDED THE DAY FEELING

What did I learn today?

What am I grateful for?

MORNING CHECK IN

I WOKE UP FEELING

What am I grateful for?

___

What limits will I push today?

___

How will I honor myself today?

EVENING CHECK IN
I ENDED THE DAY FEELING

What did I learn today?

What am I grateful for?

MORNING CHECK IN

I WOKE UP FEELING

What am I grateful for?

What limits will I push today?

How will I honor myself today?

EVENING CHECK IN
I ENDED THE DAY FEELING

What did I learn today?

What am I grateful for?

MORNING CHECK IN

I WOKE UP FEELING

What am I grateful for?

What limits will I push today?

How will I honor myself today?

EVENING CHECK IN

I ENDED THE DAY FEELING

What did I learn today?

What am I grateful for?

MORNING CHECK IN

I WOKE UP FEELING

| Horrible | Not Good | Okay | Good | Awesome |

What am I grateful for?

_____
_____
_____
_____

What limits will I push today?

_____
_____
_____
_____

How will I honor myself today?

_____
_____
_____
_____

EVENING CHECK IN
I ENDED THE DAY FEELING

What did I learn today?

What am I grateful for?

MORNING CHECK IN

I WOKE UP FEELING

What am I grateful for?

What limits will I push today?

How will I honor myself today?

EVENING CHECK IN
I ENDED THE DAY FEELING

What did I learn today?

What am I grateful for?

MORNING CHECK IN

I WOKE UP FEELING

HORRIBLE | NOT GOOD | OKAY | GOOD | AWESOME

What am I grateful for?

What limits will I push today?

How will I honor myself today?

EVENING CHECK IN
I ENDED THE DAY FEELING

What did I learn today?

What am I grateful for?

MORNING CHECK IN

I WOKE UP FEELING

HORRIBLE • NOT GOOD • OKAY • GOOD • AWESOME

What am I grateful for?

What limits will I push today?

How will I honor myself today?

EVENING CHECK IN
I ENDED THE DAY FEELING

What did I learn today?

What am I grateful for?

MORNING CHECK IN

I WOKE UP FEELING

What am I grateful for?

What limits will I push today?

How will I honor myself today?

EVENING CHECK IN
I ENDED THE DAY FEELING

What did I learn today?

What am I grateful for?

MORNING CHECK IN

I WOKE UP FEELING

What am I grateful for?

What limits will I push today?

How will I honor myself today?

EVENING CHECK IN

I ENDED THE DAY FEELING

What did I learn today?

What am I grateful for?

MORNING CHECK IN

I WOKE UP FEELING

HORRIBLE   NOT GOOD   OKAY   GOOD   AWESOME

What am I grateful for?
_____
_____
_____
_____

What limits will I push today?
_____
_____
_____
_____

How will I honor myself today?
_____
_____
_____
_____

EVENING CHECK IN
I ENDED THE DAY FEELING

What did I learn today?

_____
_____
_____
_____
_____
_____
_____
_____
_____

What am I grateful for?

_____
_____
_____
_____

MORNING CHECK IN

I WOKE UP FEELING

HORRIBLE · NOT GOOD · OKAY · GOOD · AWESOME

What am I grateful for?

What limits will I push today?

How will I honor myself today?

EVENING CHECK IN
I ENDED THE DAY FEELING

What did I learn today?

What am I grateful for?

MORNING CHECK IN

I WOKE UP FEELING

HORRIBLE · NOT GOOD · OKAY · GOOD · AWESOME

What am I grateful for?

_____
_____
_____
_____

What limits will I push today?

_____
_____
_____
_____

How will I honor myself today?

_____
_____
_____
_____

EVENING CHECK IN
I ENDED THE DAY FEELING

What did I learn today?

What am I grateful for?

MORNING CHECK IN

I WOKE UP FEELING

HORRIBLE — NOT GOOD — OKAY — GOOD — AWESOME

What am I grateful for?

What limits will I push today?

How will I honor myself today?

EVENING CHECK IN
I ENDED THE DAY FEELING

What did I learn today?

What am I grateful for?

MORNING CHECK IN

I WOKE UP FEELING

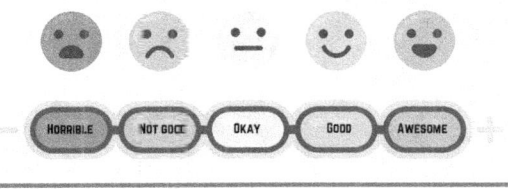

HORRIBLE NOT GOOD OKAY GOOD AWESOME

What am I grateful for?

What limits will I push today?

How will I honor myself today?

EVENING CHECK IN
I ENDED THE DAY FEELING

What did I learn today?

What am I grateful for?

MORNING CHECK IN

I WOKE UP FEELING

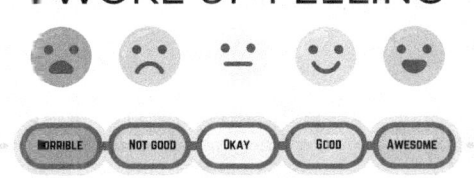

What am I grateful for?

___

What limits will I push today?

___

How will I honor myself today?

___

EVENING CHECK IN
I ENDED THE DAY FEELING

What did I learn today?

What am I grateful for?

MORNING CHECK IN

I WOKE UP FEELING

What am I grateful for?

What limits will I push today?

How will I honor myself today?

EVENING CHECK IN
I ENDED THE DAY FEELING

What did I learn today?

What am I grateful for?

MORNING CHECK IN

I WOKE UP FEELING

HORRIBLE · NOT GOOD · OKAY · GOOD · AWESOME

What am I grateful for?

What limits will I push today?

How will I honor myself today?

EVENING CHECK IN

I ENDED THE DAY FEELING

What did I learn today?

What am I grateful for?

MORNING CHECK IN

I WOKE UP FEELING

HORRIBLE · NOT GOOD · OKAY · GOOD · AWESOME

What am I grateful for?

What limits will I push today?

How will I honor myself today?

EVENING CHECK IN
I ENDED THE DAY FEELING

What did I learn today?

What am I grateful for?

MORNING CHECK IN

I WOKE UP FEELING

HORRIBLE — NOT GOOD — OKAY — GOOD — AWESOME

What am I grateful for?
_____
_____
_____
_____

What limits will I push today?
_____
_____
_____
_____

How will I honor myself today?
_____
_____
_____
_____

EVENING CHECK IN
I ENDED THE DAY FEELING

What did I learn today?

What am I grateful for?

MORNING CHECK IN

I WOKE UP FEELING

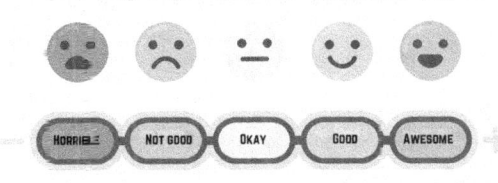

HORRIBLE · NOT GOOD · OKAY · GOOD · AWESOME

What am I grateful for?

What limits will I push today?

How will I honor myself today?

EVENING CHECK IN
I ENDED THE DAY FEELING

What did I learn today?

What am I grateful for?

MORNING CHECK IN

I WOKE UP FEELING

What am I grateful for?

What limits will I push today?

How will I honor myself today?

EVENING CHECK IN
I ENDED THE DAY FEELING

What did I learn today?

What am I grateful for?

MORNING CHECK IN

I WOKE UP FEELING

HORRIBLE · NOT GOOD · OKAY · GOOD · AWESOME

What am I grateful for?

_____
_____
_____
_____

What limits will I push today?

_____
_____
_____
_____

How will I honor myself today?

_____
_____
_____
_____

EVENING CHECK IN

I ENDED THE DAY FEELING

What did I learn today?

What am I grateful for?

| JAN | FEB | MAR | APR | MAY | JUN | JUL | AUG | SEP | OCT | NOV | DEC |

1 2 3 4 5 6 7 8 9 10 11 12 13 14 15 16 17 18 19 20 21 22 23 24 25 26 27 28 29 30 31

| JAN | FEB | MAR | APR | MAY | JUN | JUL | AUG | SEP | OCT | NOV | DEC |

1 2 3 4 5 6 7 8 9 10 11 12 13 14 15 16 17 18 19 20 21 22 23 24 25 26 27 28 29 30 31

| JAN | FEB | MAR | APR | MAY | JUN | JUL | AUG | SEP | OCT | NOV | DEC |

1 2 3 4 5 6 7 8 9 10 11 12 13 14 15 16 17 18 19 20 21 22 23 24 25 26 27 28 29 30 31

| JAN | FEB | MAR | APR | MAY | JUN | JUL | AUG | SEP | OCT | NOV | DEC |

1 2 3 4 5 6 7 8 9 10 11 12 13 14 15 16 17 18 19 20 21 22 23 24 25 26 27 28 29 30 31

JAN	FEB	MAR	APR	MAY	JUN	JUL	AUG	SEP	OCT	NOV	DEC

1 2 3 4 5 6 7 8 9 10 11 12 13 14 15 16 17 18 19 20 21 22 23 24 25 26 27 28 29 30 31

| JAN | FEB | MAR | APR | MAY | JUN | JUL | AUG | SEP | OCT | NOV | DEC |

1 2 3 4 5 6 7 8 9 10 11 12 13 14 15 16 17 18 19 20 21 22 23 24 25 26 27 28 29 30 31

| JAN | FEB | MAR | APR | MAY | JUN | JUL | AUG | SEP | OCT | NOV | DEC |

1 2 3 4 5 6 7 8 9 10 11 12 13 14 15 16 17 18 19 20 21 22 23 24 25 26 27 28 29 30 31

JAN	FEB	MAR	APR	MAY	JUN	JUL	AUG	SEP	OCT	NOV	DEC

1 2 3 4 5 6 7 8 9 10 11 12 13 14 15 16 17 18 19 20 21 22 23 24 25 26 27 28 29 30 31